U0817104

中华人民共和国
黑土地保护法

中国法制出版社

中华人民共和国黑土地保护法
ZHONGHUA RENMIN GONGHEGUO HEITUDI BAOHUFA

经销/新华书店
印刷/北京海纳百川印刷有限公司
开本/850 毫米×1168 毫米　32 开　　印张/0.75　字数/9 千
版次/2022 年 6 月第 1 版　　2022 年 6 月第 1 次印刷

中国法制出版社出版
书号 ISBN 978-7-5216-2699-5　　定价：5.00 元

北京市西城区西便门西里甲 16 号西便门办公区
邮政编码：100053　　传真：010-63141600
网址：http：//www.zgfzs.com　　编辑部电话：010-63141673
市场营销部电话：010-63141612　　印务部电话：010-63141606

（如有印装质量问题，请与本社印务部联系。）

目　　录

中华人民共和国主席令

第一一五号

《中华人民共和国黑土地保护法》已由中华人民共和国第十三届全国人民代表大会常务委员会第三十五次会议于2022年6月24日通过，现予公布，自2022年8月1日起施行。

中华人民共和国主席　习近平

2022年6月24日

中华人民共和国黑土地保护法

（2022年6月24日第十三届全国人民代表大会常务委员会第三十五次会议通过）

第一条 为了保护黑土地资源，稳步恢复提升黑土地基础地力，促进资源可持续利用，维护生态平衡，保障国家粮食安全，制定本法。

第二条 从事黑土地保护、利用和相关治理、修复等活动，适用本法。本法没有规定的，适用土地管理等有关法律的规定。

本法所称黑土地，是指黑龙江省、吉林省、辽宁省、内蒙古自治区（以下简称四省区）的相关区域范围内具有黑色或者暗黑色腐殖质表土层，性状好、肥力高的耕地。

第三条 国家实行科学、有效的黑土地保护政策，保障黑土地保护财政投入，综合采取工程、农艺、农机、生物等措施，保护黑土地的优良生产能力，确保黑土地总量不减少、功能不退化、质量有提升、产能可持续。

第四条 黑土地保护应当坚持统筹规划、因地制宜、用养结合、近期目标与远期目标结合、突出重点、综合施策的原则，建立健全政府主导、农业生产经营者实施、社会参与的保护机制。

国务院农业农村主管部门会同自然资源、水行政等有关部门，综合考虑黑土地开垦历史和利用现状，以及黑土层厚度、土壤性状、土壤类型等，按照最有利于全面保护、综合治理和系统修复的原则，科学合理确定黑土地保护范围并适时调整，有计划、分步骤、分类别地推进黑土地保护工作。历史上属黑土地的，除确无法修复的外，原则上都应列入黑土地保护范围进行修恢复。

第五条 黑土地应当用于粮食和油料作物、糖料作物、蔬菜等农产品生产。

黑土层深厚、土壤性状良好的黑土地应当按照规定的标准划入永久基本农田，重点用于粮食生产，实行严格保护，确保数量和质量长期稳定。

第六条 国务院和四省区人民政府加强对黑土地保护工作的领导、组织、协调、监督管理，统筹制定黑土地保护政策。四省区人民政府对本行政区域内的黑土地数量、质量、生态环境负责。

县级以上地方人民政府应当建立农业农村、自然资源、水行政、发展改革、财政、生态环境等有关部门组成的黑土地保护协调机制，加强协调指导，明确工作责任，推动黑土地保护工作落实。

乡镇人民政府应当协助组织实施黑土地保护工作，向农业生产经营者推广适宜其所经营耕地的保护、治理、修复和利用措施，督促农业生产经营者履行黑土地保护义务。

第七条　各级人民政府应当加强黑土地保护宣传教育，提高全社会的黑土地保护意识。

对在黑土地保护工作中做出突出贡献的单位和个人，按照国家有关规定给予表彰和奖励。

第八条　国务院标准化主管部门和农业农村、自然资源、水行政等主管部门按照职责分工，制定和完善黑土地质量和其他保护标准。

第九条　国家建立健全黑土地调查和监测制度。

县级以上人民政府自然资源主管部门会同有关部门开展土地调查时，同步开展黑土地类型、分布、数量、质量、保护和利用状况等情况的调查，建立黑土地档案。

国务院农业农村、水行政等主管部门会同四省区人民政府建立健全黑土地质量监测网络，加强对黑土地土壤性状、黑土层厚度、水蚀、风蚀等情况的常态化监测，建立黑土地质量动态变化数据库，并做好信息共享工作。

第十条 县级以上人民政府应当将黑土地保护工作纳入国民经济和社会发展规划。

国土空间规划应当充分考虑保护黑土地及其周边生态环境，合理布局各类用途土地，以利于黑土地水蚀、风蚀等的预防和治理。

县级以上人民政府农业农村主管部门会同有关部门以调查和监测为基础、体现整体集中连片治理，编制黑土地保护规划，明确保护范围、目标任务、技术模式、保障措施等，遏制黑土地退化趋势，提升黑土地质量，改善黑土地生态环境。县级黑土地保护规划应当与国土空间规划相衔接，落实到黑土地具体地块，并向社会公布。

第十一条 国家采取措施加强黑土地保护的科技支撑能力建设，将黑土地保护、治理、修复和利用的科技创新作为重点支持领域；鼓励高等学校、科研机构和农业技术推广机构等协同开展科技攻关。县级以上人民政府应当鼓励和支持水土保持、防风固沙、土壤改良、地力培肥、生态保护等科学研究和科研成果推广应用。

有关耕地质量监测保护和农业技术推广机构应当对农业生产经营者保护黑土地进行技术培训、提供指导服务。

国家鼓励企业、高等学校、职业学校、科研机构、科学技术社会团体、农民专业合作社、农业社会化服务组织、农业科技人员等开展黑土地保护相关技术服务。

国家支持开展黑土地保护国际合作与交流。

第十二条 县级以上人民政府应当采取以下措施加强黑土地农田基础设施建设：

（一）加强农田水利工程建设，完善水田、旱地灌排体系；

（二）加强田块整治，修复沟毁耕地，合理划分适宜耕作田块；

（三）加强坡耕地、侵蚀沟水土保持工程建设；

（四）合理规划修建机耕路、生产路；

（五）建设农田防护林网；

（六）其他黑土地保护措施。

第十三条 县级以上人民政府应当推广科学的耕作制度，采取以下措施提高黑土地质量：

（一）因地制宜实行轮作等用地养地相结合的种植制度，按照国家有关规定推广适度休耕；

（二）因地制宜推广免（少）耕、深松等保护性耕作技术，推广适宜的农业机械；

（三）因地制宜推广秸秆覆盖、粉碎深（翻）埋、过腹转化等还田方式；

（四）组织实施测土配方施肥，科学减少化肥施用量，鼓励增施有机肥料，推广土壤生物改良等技术；

（五）推广生物技术或者生物制剂防治病虫害等绿色防控技术，科学减少化学农药、除草剂使用量，合理使用农用薄膜等农业生产资料；

（六）其他黑土地质量提升措施。

第十四条 国家鼓励采取综合性措施，预防和治理水土流失，防止黑土地土壤侵蚀、土地沙化和盐渍化，改善和修复农田生态环境。

县级以上人民政府应当开展侵蚀沟治理，实施沟头沟坡沟底加固防护，因地制宜组织在侵蚀沟的沟坡和沟岸、黑土地周边河流两岸、湖泊和水库周边等区域营造植物保护带或者采取其他措施，防止侵蚀沟变宽变深变长。

县级以上人民政府应当按照因害设防、合理管护、科学布局的原则，制定农田防护林建设计划，组织沿农田道路、沟渠等种植农田防护林，防止违背自然规律造林绿化。农田防护林只能进行抚育、更新性质的采伐，确保防护林功能不减退。

县级以上人民政府应当组织开展防沙治沙，加强黑土地周边的沙漠和沙化土地治理，防止黑土地沙化。

第十五条 县级以上人民政府应当加强黑土地生态保护和黑土地周边林地、草原、湿地的保护修复，推动荒山荒坡治理，提升自然生态系统涵养水源、保持水土、防风固沙、维护生物多样性等生态功能，维持有利于黑土地保护的自然生态环境。

第十六条 县级人民政府应当依据黑土地调查和监测数据，并结合土壤类型和质量等级、气候特点、环境状况等实际情况，对本行政区域内的黑土地进行科学分区，制定并组织实施黑土地质量提升计划，因地制宜合理采取保护、治理、修复和利用的精细化措施。

第十七条 国有农场应当对其经营管理范围内的黑土地加强保护，充分发挥示范作用，并依法接受监督检查。

农村集体经济组织、村民委员会和村民小组应当依法发包农村土地，监督承包方依照承包合同约定的用途合理利用和保护黑土地，制止承包方损害黑土地等行为。

农村集体经济组织、农业企业、农民专业合作社、农户等应当十分珍惜和合理利用黑土地，加强农田基础设施建设，因地制宜应用保护性耕作等技术，积极采取提升黑土地质量和改善农田生态环境的养护措施，依法保护黑土地。

第十八条 农业投入品生产者、经营者和使用者应当依法对农药、肥料、农用薄膜等农业投入品的包装物、废弃物进行回收以及资源化利用或者无害化处理，不得随意丢弃，防止黑土地污染。

县级人民政府应当采取措施，支持农药、肥料、农用薄膜等农业投入品包装物、废弃物的回收以及资源化利用或者无害化处理。

第十九条 从事畜禽养殖的单位和个人，应当科学开展畜禽粪污无害化处理和资源化利用，以畜禽粪污就地就近还田利用为重点，促进黑土地绿色种养循环农业发展。

县级以上人民政府应当支持开展畜禽粪污无害化处理和资源化利用。

第二十条 任何组织和个人不得破坏黑土地资源和生态环境。禁止盗挖、滥挖和非法买卖黑土。国务院自然资源主管部门会同农业农村、水行政、公安、交通运输、市场监督管理等部门应当建立健全保护黑土地资源监督管理制度，提高对盗挖、滥挖、非法买卖黑土和其他破坏黑土地资源、生态环境行为的综合治理能力。

第二十一条 建设项目不得占用黑土地；确需占用的，应当依法严格审批，并补充数量和质量相当的耕地。

建设项目占用黑土地的，应当按照规定的标准对耕作层的土壤进行剥离。剥离的黑土应当就近用于新开垦耕地和劣质耕地改良、被污染耕地的治理、高标准农田建设、土地复垦等。建设项目主体应当制定剥离黑土的再利用方案，报自然资源主管部门备案。具体办法由四省区人民政府分别制定。

第二十二条 国家建立健全黑土地保护财政投入保障制度。县级以上人民政府应当将黑土地保护资金纳入本级预算。

国家加大对黑土地保护措施奖补资金的倾斜力度，建立长期稳定的奖励补助机制。

县级以上地方人民政府应当将黑土地保护作为土地使用权出让收入用于农业农村投入的重点领域，并加大投入力度。

国家组织开展高标准农田、农田水利、水土保持、防沙治沙、农田防护林、土地复垦等建设活动，在项目资金安排上积极支持黑土地保护需要。县级人民政府可以按照国家有关规定统筹使用涉农资金用于黑土地保护，提高财政资金使用效益。

第二十三条 国家实行用养结合、保护效果导向的激励政策，对采取黑土地保护和治理修复措施的农业生产经营者按照国家有关规定给予奖励补助。

第二十四条 国家鼓励粮食主销区通过资金支持、与四省区建立稳定粮食购销关系等经济合作方式参与黑土地保护，建立健全黑土地跨区域投入保护机制。

第二十五条 国家按照政策支持、社会参与、市场化运作的原则，鼓励社会资本投入黑土地保护活动，并保护投资者的合法权益。

国家鼓励保险机构开展黑土地保护相关保险业务。

国家支持农民专业合作社、企业等以多种方式与农户建立利益联结机制和社会化服务机制，发展适度规模经营，推动农产品品质提升、品牌打造和标准化生产，提高黑土地产出效益。

第二十六条　国务院对四省区人民政府黑土地保护责任落实情况进行考核，将黑土地保护情况纳入耕地保护责任目标。

第二十七条　县级以上人民政府自然资源、农业农村、水行政等有关部门按照职责，依法对黑土地保护和质量建设情况联合开展监督检查。

第二十八条　县级以上人民政府应当向本级人民代表大会或者其常务委员会报告黑土地保护情况，依法接受监督。

第二十九条　违反本法规定，国务院农业农村、自然资源等有关部门、县级以上地方人民政府及其有关部门有下列行为之一的，对直接负责的主管人员和其他直接责任人员给予警告、记过或者记大过处分；情节较重的，给予降级或者撤职处分；情节严重的，给予开除处分：

（一）截留、挪用或者未按照规定使用黑土地保护资金；

（二）对破坏黑土地的行为，发现或者接到举报未及时查处；

（三）其他不依法履行黑土地保护职责导致黑土地资源和生态环境遭受破坏的行为。

第三十条 非法占用或者损毁黑土地农田基础设施的，由县级以上地方人民政府农业农村、水行政等部门责令停止违法行为，限期恢复原状，处恢复费用一倍以上三倍以下罚款。

第三十一条 违法将黑土地用于非农建设的，依照土地管理等有关法律法规的规定从重处罚。

违反法律法规规定，造成黑土地面积减少、质量下降、功能退化或者生态环境损害的，应当依法治理修复、赔偿损失。

农业生产经营者未尽到黑土地保护义务，经批评教育仍不改正的，可以不予发放耕地保护相关补贴。

第三十二条 违反本法第二十条规定，盗挖、滥挖黑土的，依照土地管理等有关法律法规的规定从重处罚。

非法出售黑土的，由县级以上地方人民政府市场监督管理、农业农村、自然资源等部门按照职责分工没收非法出售的黑土和违法所得，并处每立方米五百元以上五千元以下罚款；明知是非法出售的黑土而购买的，没收非法购买的黑土，并处货值金额一倍以上三倍以下罚款。

第三十三条　违反本法第二十一条规定，建设项目占用黑土地未对耕作层的土壤实施剥离的，由县级以上地方人民政府自然资源主管部门处每平方米一百元以上二百元以下罚款；未按照规定的标准对耕作层的土壤实施剥离的，处每平方米五十元以上一百元以下罚款。

第三十四条　拒绝、阻碍对黑土地保护情况依法进行监督检查的，由县级以上地方人民政府有关部门责令改正；拒不改正的，处二千元以上二万元以下罚款。

第三十五条　造成黑土地污染、水土流失的，分别依照污染防治、水土保持等有关法律法规的规定从重处罚。

第三十六条　违反本法规定，构成犯罪的，依法追究刑事责任。

第三十七条　林地、草原、湿地、河湖等范围内黑土的保护，适用《中华人民共和国森林法》、《中华人民共和国草原法》、《中华人民共和国湿地保护法》、《中华人民共和国水法》等有关法律；有关法律对盗挖、滥挖、非法买卖黑土未作规定的，参照本法第三十二条的规定处罚。

第三十八条　本法自 2022 年 8 月 1 日起施行。

关于《中华人民共和国黑土地保护法（草案）》的说明

——2021 年 12 月 20 日在第十三届全国人民代表大会常务委员会第三十二次会议上

全国人大农业与农村委员会副主任委员　王宪魁

全国人民代表大会常务委员会：

我受全国人大农业与农村委员会委托，就《中华人民共和国黑土地保护法（草案）》的有关问题作说明。

习近平总书记高度重视黑土地保护，2020 年 7 月在吉林考察时指出，一定要采取有效措施，保护好黑土地这一“耕地中的大熊猫”；2020 年 12 月在中央农村工作会议上要求，把黑土地保护作为一件大事来抓，把黑土地用好养好。十三届全国人大四次会议期间，全国人大农业与农村委员会收到“关于制定黑土地保护法的议案”和多件关于黑土地保护的代表建议。3 月底全国人大农业与农村委员会及时启动黑土地保护法的研究论证。全国人大常委会领导同志高度重视黑土地保护立法，多次作出批示并要求抓紧草案起草。全国人大农业与农村委员会认真做好起草工作，经过深入调查研究、广泛征求意见、反复沟通讨论，形成了《中华人民共和国黑土地保护法（草案）》（以下简称草案）。

一、制定黑土地保护法的必要性

一是深入贯彻落实习近平总书记重要指示和党中央决策部署的需要。习近平总书记将黑土地比喻为国宝“大熊猫”，这一论述具有极其深刻内涵。黑土地是大自然赋予人类得天独厚的稀缺宝贵资源，具有优质性、稀缺性、易被侵蚀性等特点。多年来人为高强度开发利用，黑土层厚度、有机质含量等下降，土壤酸化、沙化、盐渍化加剧，严重影响生态安全和农业可持续发展。要从造福子孙永续发展的高度认识黑土地保护的特殊性和战略意义，从“藏粮于地、藏粮于技”战略高度推进。制定黑土地保护法，将保护黑土地上升为国家意志，是贯彻落实习近平总书记和党中央关于黑土地保护要求的有力举措。

二是保障长远国家粮食安全的需要。民以食为天，粮以地为本。黑土地的土壤性状好、肥力高、水肥气热协调，相较于其他土地的单位面积产出，同肥不同量、同量不同质，粮食产量高、品质好。东北黑土区是我国重要的粮食生产基地，粮食产量约占全国的四分之一，粮食商品率高，是保障粮食市场供应的重要来源，是保障国家粮食安全的压舱石。制定黑土地保护法，有利于规范黑土地保护、治理、修复、利用等活动，保护黑土地高产优质农产品产出功能，为保障国家粮食安全提供坚强法治保障。

三是维护生态系统平衡的需要。珍稀黑土地自然资源，既不可再生，也无可替代。长期以来，由于保护和投入不够，加之风蚀、水蚀侵害，黑土层“变薄、变硬、变瘦”，侵蚀沟发育发展，水土流失日益严重，进而导致耕地破碎化、河道淤积、洪涝灾害加剧等生态环境问题。人与自然应当和谐共生，保护自然则自然回报慷慨，掠夺自然则自然惩罚无情。制定黑土地保护法，保护好生态环境，维护好生态系统平衡，促进资源环境可持续，才能使黑土地永远造福人民。

四是完善黑土地保护体制机制的需要。近年来，党中央、国务院通过制定保护规划和实施行动方案等措施保护黑土地，但是仍存在政策协同性不足、稳定投入机制未建立、责任主体不够明确等问题。有关省份的地方层面立法，难以形成上下联动、多方参与的保护机制。当前土地管理有关法律法规，在耕地保护方面主要解决一般性问题，缺乏针对黑土地特殊性的保护措施。综合施策、形成合力、久久为功保护好黑土地，需要全社会共同努力。制定黑土地保护法，有利于建立针对性、系统性的黑土地保护制度。

二、立法指导思想和总体思路

深入学习贯彻习近平新时代中国特色社会主义思想，深刻理解和准确把握习近平总书记关于黑土地保护的重要指示精神，牢固树立法治思维，坚持问题导向和目标导向，坚持“小快灵”立法，突出立法针对性、适用性、可操作性，着力保护黑土地中的耕地，促进资源可持续利用，维护生态系统平衡，保障国家粮食安全。

根据调研情况和黑土地保护面临的突出问题，起草中注重把握以下几点：一是明确责任。构建政府主导、农业生产经营者实施、公众参与的保护机制，建立共同负责、各负其责的责任体系。二是坚持用养结合。有的人提出，应该养地在先，不达标准停止耕种。我们的目的是要口粮安全。既要改变生产经营方式加以保护，也要防止削弱粮食生产能力和影响农民种粮积极性，促进形成绿色可持续发展方式。三是尊重自然规律和科技规律。黑土地分布广阔，不同地域积温、降雨、蒸发、风力等条件不同，需要采取的措施和技术路径也不同。保护黑土地要因地制宜，坚持从实际出发，不搞一刀切。四是保护好农民权益。合理利用和保护黑土地，要有利于农民利益近期不受损、长远更有利，有利于国家粮食安全、生态安全。

三、草案的主要内容

草案不分章，共三十七条，包括立法目的、适用范围、保护要求和原则、政府责任和协调机制、制定规划、资源调查和监测、科技支撑、数量保护措施、质量提升措施、农业生产经营者的责任、资金保障、奖补措施、考核与监督、法律责任等内容。

（一）本法的适用范围

保障国家粮食安全，处理好黑土地保护与利用的关系，重点和难点在耕地。草案明确本法所称黑土地，涉及的地域范围为黑龙江省、吉林省、辽宁省、内蒙古自治区的相关区域，土地特性为拥有黑色或者暗黑色腐殖质表土层，性状好、肥力高的优质耕地。这一规定也是具体落实习近平总书记关于保护“耕地中的大熊猫”的要求。

（二）加强政府的统筹和协调

统筹和协调是形成工作合力的关键。草案完善政府工作机制，明确国务院和省（自治区）人民政府应当加强领导、组织、协调、监督管理，县级以上人民政府应当建立黑土地保护协调机制；突出规划引领，县级以上人民政府应当以调查和监测为基础、体现集中连片治理、科学编制黑土地保护规划，县级规划应当落实到地块。为摸清黑土地底数和变化趋势，草案对开展黑土地调查和常态化监测作出了规定。

（三）加强黑土地保护的科技支撑

科技手段为黑土地保护提供重要支撑。草案加强黑土地保护科技创新、科研成果推广应用和技术服务；针对水蚀、风蚀、土壤质量下降等突出问题，明确应当综合采取工程、农艺、农机、生物等措施，规定了农田基础设施建设、提升土壤质量、加强环境治理的关键措施。为做到精准施策，草案规定对黑土地进行科学分区，因地制宜采用具体措施。

（四）强化农业生产经营者的保护责任和调动积极性

农业生产经营者应当保护黑土地，同时要让保护者不吃亏、种粮者收入有提高。草案明确农业生产经营者应当积极采用黑土地养护措施，国家应当建立用养结合、保护效果导向的奖补机制，鼓励支持采取黑土地保护和治理修复措施。

（五）加大黑土地保护投入

长期稳定的资金投入是黑土地保护的重要保障。草案规定，国家建立健全黑土地保护财政投入保障制度，加大奖补资金的倾斜力度，高标准农田建设等项目资金应当保障黑土地保护需要；县级人民政府可以按照国家有关规定统筹整合相关涉农资金；建立健全黑土地保护跨区域补偿机制，鼓励社会资金投入黑土地保护活动。

（六）加强考核和监督

压实黑土地保护责任，形成监督合力。草案规定，建立黑土地保护目标责任制和考核评价制度，黑土地保护情况纳入耕地保护责任目标；有关部门按照职责联合开展监督检查；加强人大监督，县级以上人民政府应当报告黑土地保护情况。

草案还对禁止盗挖、滥挖、非法出售黑土等内容作出规定。

草案注意与有关法律搞好衔接，一般性的耕地保护和土地污染有关问题，本法不再重复，只是针对相关违法行为的处罚作出衔接性规定。

《中华人民共和国黑土地保护法（草案）》及以上说明是否妥当，请审议。